Rudolf Baumbach

Von der Landstraße

Rudolf Baumbach

Von der Landstraße

ISBN/EAN: 9783744607537

Hergestellt in Europa, USA, Kanada, Australien, Japan

Cover: Foto ©ninafisch / pixelio.de

Weitere Bücher finden Sie auf **www.hansebooks.com**

VON DER LANDSTRASSE

LIEDER

VON

RUDOLF BAUMBACH

DREIZEHNTES TAUSEND

LEIPZIG

VERLAG VON A. G. LIEBESKIND

1893

INHALT.

	Seite
Der gute Engel	1—3
Die drei Boten	4—5
Bruder Straubinger spricht	6—7
Die drei Wünsche	8—9
O weh Schneider	10—11
Der Dorfbote	12—14
Die Wahrsagerin	15—16
Sanct Florian hilf	17—18
In der Fremde	19—20
Die beiden Wandergesellen	21—24
Bergmann, Gärtner und Landsknecht	25—26
Bringt den allergrössten Krug	27—28
Zieh' Schimmel, zieh'	29—31
Saurer Wein	32—33
Der Wirth und der Teufel	34—36
An der Quelle	37—38
Unter dem Regendach	39—40
Das Stelldichein	41—42
Katertücke	43—44
Der schönste Becher	45—46
Jägerlatein	47—48
Sichelhenke	48—50

Betrogen	51—52
Wie ich den Tod rief	53—54
Die Nachtkämpfer	55—56
Die wandernde Rose	57—59
Klassisches Latein	60—61
Der Tintenfisch	62—64
Trüber Sang	65—66
Ueberall blühendes Maienglück	67
Am Meer	68—69
Die versunkene Stadt	70—71
Niedere und hohe Jagd	72—73
Der Krug	74—75
Das Geheimniss	76—77
Wenn die Knospen brechen	78—80
Der vielbetretene Pfad	81
Mein schönstes Lied	82
Scheiden	83—84
Es weht der kalte Firnenwind	85—86
Die drei Federn	87
Mir klang ein Lied im Schlummer	88—81
Der Gefangene	90—92
Das Wahrzeichen	93—94
Der grobe Wirth	95
Die Kellerjungfer	96—97
Die Schul' ist aus	98—99
Der Fuhrmannswagen	100—101
Hausrecht	102—103
Adlige Gelüste	104—105
Heute ist heut	106—107

DER GUTE ENGEL.

Wenn einer in die weite Welt
Am Wanderstabe schreitet,
Wird ihm ein Engel zugesellt,
Der seine Schritte leitet.
Ich stehe bei dem meinigen
In ganz besondren Gnaden.
Der Sorgen, die mich peinigen,
Hat er mich ganz entladen.

Die Strasse lässt er recht mit Fleiss
Von schnellen Winden fegen,
Und scheint die Sonne mir zu heiss,
So schickt er einen Regen.
Er hat der Linde Blätterdach
Gar breit und dicht gewoben;
Als Sonnenschirm und Wetterdach
Beschützt es mich von oben.

*Er leitet mich zum Apfelbaum,
Er führt mich an die Quelle
Und bettet mich zum Mittagstraum
An schattenkühler Stelle.
Erblühen lässt er mir zum Strauss
Die schönsten Blüthensterne
Und schickt den Glühwurm mir voraus
Des Nachts mit der Laterne.*

*Und wenn die müden Füsse schier
Mich nimmer wollen tragen,
So hör' ich's rollen hinter mir;
Das ist der gelbe Wagen.
Der will noch heut in schnellem Lauf
Die nächste Stadt erreichen.
Ich sitze fröhlich hinten auf,
Mein Engel thut desgleichen.*

*Im Städtlein lass' ich wohlgemuth
Mich von dem Engel lenken,
Denn keiner kennt wie er so gut
Die Keller und die Schenken.
Des Wirthes rundes Angesicht
Wie voller Mond erglänzet,
Und Schlehensaft ist's wahrlich nicht,
Was mir sein Kind kredenzet.*

3

Mein guter Engel giebt ihr ein
Sich neben mich zu setzen
Und sich mit meinem Würzewein
Den rothen Mund zu netzen.
Der Wirth im Ledersessel liegt,
Lässt Kopf und Arme hangen;
Mein Engel hat ihn eingewiegt
Und hält ihn traumumfangen.

Vom Kirchthurm schallt der Zapfenglock'
Ernst mahnendes Geläute.
Mein Engel zupft mich sanft am Rock,
Das heisst: Genug für heute.
Und ist der letzte Krug geleert,
So führt er mich zu Bette.
Wer weiss, was er mir noch bescheert
Bis zu der Morgenmette.

DIE DREI BOTEN.

Es lagen drei am Waldesrain
Im grünen Farrenkraute,
Und jeder dachte von den drei'n
An seine ferne Traute.
Dass ihre Dirnen gar so weit,
Das war den Knaben herzlich leid.
Wenn doch ein Bote käme
Und Grüsse mit sich nähme!

Der erste sprach: „O Brausewind,
Du hast behende Füsse;
Such' auf die blonde Sigelind
Und bring' ihr tausend Grüsse."
Da sprach der Wind: „Kann nicht gescheh'n,
Muss Segel schwellen, Mühlen dreh'n,
Muss an den Eichen rütteln
Und welke Blätter schütteln."

5

*Der Zweite sprach: „O Buchenfink,
Erhebe deine Schwingen!
Der braunen Martha sollst du flink
Mein Grüssen überbringen."
Da sprach der Fink: „Hab' keine Zeit,
Ich rüste just mein Hochzeitskleid
Und muss das Nestlein bauen
Mir selbst und meiner Frauen."*

*Was sprach der dritte Junggesell?
Er schwieg, und ohne Säumen
Erhob er sich und thät zur Stell'
Die Schusterrappen zäumen.
Die trugen ihn bergauf, bergein
Bis vor ein Kammerfensterlein.
Dort ward belohnt der Bote
Mit süssem Botenbrote.*

BRUDER STRAUBINGER SPRICHT:

Nur Pappeln zur Rechten
Und Pappeln zur Linken,
Es giebt nichts zu fechten,
Es giebt nichts zu trinken.
Versiegt ist die Flasche,
Vertrocknet der Propf,
Kein Brot in der Tasche,
Im Beutel kein Knopf!

Ich schau' wie im Spiegel
Die Mutter am Feuer.
Jetzt rührt sie im Tiegel
Das Mehl und die Eier.
Es brodelt die Butter,
Es bräunt sich der Weck. —
O Heimat, o Mutter,
O Schinken, o Speck!

Du Herberg' zur Sonne,
Ich denke auch deiner.
Wie gross auch die Tonne,
Mein Durst war nicht kleiner.
Frau Wirthin, die runde
War lieb und voll Huld.
Auf kirschrothem Munde
Beglich ich die Schuld.

Wer kommt dort geschritten?
Der darf nicht vorüber.
Herr, lasst Euch erbitten
Und reicht einen Stüber!
Was lacht er, was spricht er?
O Jammer und Spott!
Der Arme ist Dichter. —
Behüte Euch Gott!

DIE DREI WÜNSCHE.

Vor dem Schank zum weissen Schwane
Sassen einst beim Traubennass
Wohlgemuth zwei Zechkumpane,
Sprachen dies und sprachen das.
Auf dem Bänklein an der Mauer
Stand ein Glas; das Glas war leer,
Und dabei in stummer Trauer
Sass der Bruder Straubinger.

Sprach der Erste: „Wenn ich hätte
Einen Wunsch zu thun, ich wollt',
Dass im weiten Donaubette
Jeder Kiesel wäre Gold,
Und die Kiesel müssten alle
Ausgemünzt mein eigen sein. —
Bruderherz, in diesem Falle
Wäre eine Hälfte dein."

Sprach der Zweite: „Meine Schulden
Könnte ich bezahlen bald,
Wär' ein Schein von tausend Gulden
Jedes Blatt im Wienerwald,
Und der Rest, ich will es schwören
Auf den heil'gen Leib des Herrn,
Soll zur Halbscheid dir gehören. —
Bruderherz, ich thu' es gern."

Straubinger in seiner Ecken
Hörte zu und dachte nach,
Stützte auf den Wanderstecken
Sein bestoppelt Kinn und sprach,
Sprach, und seine Stimme grollte
In das leere Glas hinein:
„Wenn ich mir was wünschen sollte,
Wär' es eine Halbe Wein."

Also sprach der Strassenweise
Wieder sass er stumm und starr,
Und die Andern sprachen leise:
„Bruderherz, du bist ein Narr!"
Dann zum Schanktisch hin erscholl es:
„Heda Meister Wirth, heran,
Schenkt dem Straubinger ein Volles,
Der den klügsten Wunsch gethan!"

O WEH SCHNEIDER!

Es wollt' ein Schneider reisen
Wohl in die weite Welt.
Sein blankes Bügeleisen
Wog schwerer als sein Geld.
   O weh Schneider!

Den Rücken wollt's ihm brechen,
Der Schweiss in Strömen floss.
Drum thät er es verzechen
Im Schank zum weissen Ross.
   O weh Schneider!

Drauf zog er durch die Haide
Ein federleichter Knab
Und wollte von der Weide
Sich schneiden einen Stab.
   O weh Schneider!

Doch schmählich ward betrogen
Der arme Nadelheld.
Er flog empor im Bogen
Vom Weidenzweig geschnellt.
O weh Schneider!

Kopfüber und kopfunter
Ging's wirbelnd kirchthurmhoch,
Und fiel er nicht herunter,
So fliegt er heute noch.
O weh Schneider!

DER DORFBOTE.

„*Der Bote kommt!*" *so schallt's aus allen Ecken,*
Und eilig läuft das halbe Dorf heran.
Da kommt er wegemüd am Wanderstecken
Und lenkt die Schritte nach dem weissen Schwan.

„*Grüss Gott, Herr Wirth! Das war ein böses*
                                        Wandern
Bei solcher Gluth. Geschwind ein Viertel Wein!
Geduld ihr Leute! Einer nach dem Andern,
Und fallt nicht mit der Thür in's Haus herein.

Gebt Ihr zuerst das Päcklein her, Frau Mutter.
Für Euren Sohn ist's wie das letztemal.
Ja, die Soldaten stehen schlecht im Futter,
Und schliesslich kriegt die Wurst der Corporal.

Was hat der Huberbauer mir zu geben?
Ein schwerer Brief; fünf Siegel sind daran.
Na, auch die Advokaten wollen leben;
Ihr habt's, und mich geht Euer Streit nichts an.

Ein Brief an's hohe Steueramt? Potz Wetter!
Die Aufschrift gross und säuberlich gemalt.
Gebt her! Doch im Vertrau'n gesagt, Herr Vetter,
Spart Euch das Botengeld und schweigt und zahlt.

Was bringt die Schneiderhanne da getragen?
Geld für den Herrn Studenten, ihren Sohn?
Ja, ja, das Bier hat wieder aufgeschlagen.
Da kommt ihm recht der Mutter Wochenlohn

Schau Müllerhans, das lass' ich mir gefallen.
Dem Meister Goldschmied schreibst du? Ei der
         Dauss!
Brauchst du ein Ringlein oder Halskorallen?
Ja wer das Glück hat, führt die Braut in's Haus.

Na, arme Mutter Gertrud lasst das Weinen,
Gebt her den Trauerbrief mit schwarzem Rand.
Ja, ja, so geht's. Der Tod verschont halt keinen
Und alle stehen wir in Gottes Hand.

*Ade ihr Leute! Mittwoch komm' ich wieder.
Heh Jungfer, noch ein Schöpplein vor dem Geh'n!
Was zieht die Kathi heimlich aus dem Mieder?
Was sagst du Kind? die Mutter soll's nicht seh'n?*

*Ein Brief und drauf ein Herz mit einem Pfeile,
Ein Engelein, das eine Fackel hält,
Und drunten steht geschrieben: Eile, Eile!
Ja, Kathi, dieser wird zuerst bestellt.*

*Noch einen Schluck. Geleert ist Glas und Flasche.
Was bin ich schuldig? Nichts? Na Gott vergelt!"
Der Bote geht und trägt in seiner Tasche
Von Leid und Freuden eine ganze Welt.*

DIE WAHRSAGERIN.

Komm, zeig' mir deine Hand Gesell,
Lass mich die Linien schau'n.
Ich sage wahr, ich sehe hell,
Drum sollst du mir vertrau'n.

Wer klug sich in das Leben schickt,
Kommt leidlich durch die Welt,
Und ist dein Beutel wohl gespickt,
So fehlt dir's nicht an Geld.

Vertraue falschen Freunden nicht,
Sei wohl auf deiner Hut.
Wer etwas Schlechtes von dir spricht,
Der meint's mit dir nicht gut.

Es macht ein wonnesames Kind
Dir Kopf und Herze warm,
Doch wenn sie einen Andern minnt,
Hast du sie nicht im Arm.

Das Eine aber seh' ich klar
Und künd' es dir genau:
Führst du die Braut zum Traualtar,
So wird sie deine Frau.

SANCT FLORIAN HILF!

*Weil der Huberbauer
Florian sich nennt,
Malt' er an die Mauer
Sich ein Haus, das brennt.
Aus des Daches Fuge
Steigt der rothe Hahn,
Aber mit dem Kruge
Löscht Sanct Florian.*

*Als ich heute lenkte
Meinen Schritt vorbei
Und den Filzhut schwenkte
Vor der Schilderei,
Ward ein Fensterladen
Leise aufgethan,
Und ein Bild voll Gnaden
Lächelte mich an.*

Aus den Blumentöpfen
Schwankten Nägelein,
Auf zwei blonden Zöpfen
Lag der Sonnenschein.
Von dem Fenstersitze
Bog sich's niederwärts,
Zweier Augen Blitze
Sengten mir das Herz.

Und in Wang' und Stirne
Stieg das Blut mir jach.
Feuer im Gehirne,
Feuer unter'm Dach!
Ueber mir zusammen
Loht es himmelan. —
Hilf und lösch' die Flammen,
Heil'ger Florian!

IN DER FREMDE.

Wenn die fremde Welt mich hat,
Freut mich Eins am meisten:
Keiner kennt in Land und Staat
Mich, den Zugereisten.
Wie ein Junker hochgemuth
Trag' ich meine Stirne,
Kecklich schau' ich unter'n Hut
Jeder hübschen Dirne.

Manches Mädchenauge licht
Blinzelt durch die Lider.
Gelt, ihr kennt den Vogel nicht
Diesmal am Gefieder?
Manche aus der Mädel Schaar
Denkt wohl auch im Stillen:
Kam der Bursch am Ende gar
Her um meinetwillen?

Dass ich ein Vagante bin
Ohne rothen Stüber,
Kommt nicht Einer in den Sinn,
Geh' ich stolz vorüber.
Ob mir Geld im Säckel klirrt,
Ob mir's fehlt am Baaren —
Fragt ihr morgen früh den Wirth,
Könnt ihr's leicht erfahren.

DIE BEIDEN WANDERGESELLEN.

Es trafen sich einst am Thore Zwei,
Und Einer gefiel dem Andern;
Sie nahmen sich vor in Kumpanei
Von früh bis abends zu wandern.

Sie hatten just den gleichen Gang,
Nicht langsam und nicht schnelle,
Und wenn der Eine ein Liedlein sang,
So sang auch sein Geselle.

So oft der Eine stille stand
Und stärkte sich aus der Flasche,
Gleich holte auch des Andern Hand
Das Labsal aus der Tasche.

Als ihnen winkte der Strassenkrug
Aus schattiger Bäume Mitte,
Da blickten die Zwei sich an so klug
Und doppelten ihre Schritte.

Sie sassen nieder auf die Bank
Und freuten sich des Weines.
Es trank, wenn Einer Eins noch trank,
Der Andre auch noch Eines.

Im Kloster schöpften sie wieder Kraft
Des Nachmittags um Viere
Und tranken zusammen Brüderschaft
In kühlem Klosterbiere.

Zu Ende war der Sonne Lauf,
Sie waren weiss vom Staube.
Es nahm die Wegemüden auf
Das Schenkenhaus zur Traube.

Sie sassen an dem Ahorntisch
Bei reichlicher Schnabelweide;
Die Schüsseln rauchten, der Trank war frisch,
Und hungrig waren sie beide.

Gleichzeitig sanken auch den Zwei'n
Die matten Lider herunter.
Da kam der Wirthin Töchterlein,
Da wurden sie wieder munter.

„Komm Mädel, setz' dich her zu mir!"
Einmündig thät's ertönen.
Sie reichten die Becher mit Malvasier
Zu gleicher Zeit der Schönen.

Die holte flink ein drittes Glas
Und war nicht blöd im Trinken.
Der Eine ihr zur Rechten sass,
Der Andre aber zur Linken.

Was dieser reizend an ihr fand,
Das fand der Freund nicht schlechte.
Der küsste ihr die linke Hand
Und jener ihre rechte.

Der Kukuk in der Uhr rief Zehn.
Sie waren müd vom Wandern,
Doch wollte Keiner zu Bette gehn
Und schnöd verlassen den Andern.

Allmälig senkten sich zuthal
Die Köpfe schwer vom Weine.
Die Magd entschlüpfte wie ein Aal
Und liess die Beiden alleine.

Einträchtig schliefen sie die Nacht
Auf hartem Holzgestühle
Und sind zu gleicher Zeit erwacht
Erst in der Morgenkühle.

Sie haben sich unwirsch aufgerafft,
Sprach keiner ein Wort von Beiden,
Vergessen war die Brüderschaft,
Und frostig war das Scheiden.

Im Hof war just ein gross Geschrei.
Es hielten auf der Tenne
Zwei junge Hähne ein Turnei
Um eine weisse Henne.

BERGMANN, GÄRTNER UND LANDSKNECHT.

Ich will ein Bergmann werden
Und schürfen edles Gold.
Ich weiss, wo's in der Erden
Aus dunklem Schachte rollt.
Ein Stückfass liegt im Kellergrund,
Ein Goldbach sprudelt aus dem Spund.

Ich will als Gärtner warten
Die Blumen recht mit Fleiss.
Ich kenne einen Garten,
Da blüht der Blumen Preis.
Der Garten ist die Kellergruft,
Die Blume nennt sich Rheinweinduft.

Ich will als Landsknecht stechen
Mit meinem Pfropfenzieh'r
Und will den Helm zerbrechen
Dem Ritter Malvasier.
Die Sorgen und die Schwerenoth,
Im Keller schlag' ich alle todt.

BRINGT DEN ALLERGRÖSSTEN KRUG.

Bringt den allergrössten Krug,
Schickt ihn 'rum im Kreise.
Solch ein Wein macht Thoren klug
Und zu Narren Weise,
Alte macht er jünglingsfroh
Und zum Mann den Knaben,
Grünen macht er dürres Stroh,
Singen Kräh' und Raben.

Schickt den Krug noch einmal 'rum,
Schenket einem jeden.
Macht der Wein die Schwätzer stumm,
Macht er Stumme reden.
Springen macht er, was da lahm,
Kühn und keck die Blöden,
Wilde Tauben macht er zahm,
Butterweich die Spröden.

Rollend rinnt der Wundersaft
Feurig durch die Glieder,
Schwachen giebt er Löwenkraft,
Starke wirft er nieder.
Einem Schieferdecker gleich
Steigt er auf die Dächer,
Macht den Schenken rund und reich,
Bettelarm den Zecher.

ZIEH' SCHIMMEL, ZIEH'!

Hier lagern wir am Heckendorn
In Gras und grünen Ranken
Und giessen in's umreifte Horn
Den goldnen Wein aus Franken.
Es geht herum im Kreise
Und kommt zur Ruhe nie,
Dazu erklingt die Weise:
　„Zieh' Schimmel, zieh'!"

Es hat einmal ein Klosterknecht
Vor langen, langen Jahren
Weinfässer in dem Korbgeflecht
Durch's Thal des Mains gefahren.
Es schritt im Strassenkothe
Das Rösslein bis an's Knie.
Der Fuhrmann bat und drohte:
　„Zieh' Schimmel, zieh'!"

Es knarrt das Rad, die Mähre dampft,
Es kracht die Wagenleiter.
Ob auch der Schimmel keucht und stampft,
Der Arme kommt nicht weiter.
Er steht und senkt die Ohren
Trotz Peitsche, Hott und Hih.
Die Mahnung geht verloren:
„Zieh' Schimmel zieh'!"

Da sah der Knecht die Fässlein an
Und sprach: „Sie sind zu schwere.
Drum, glaub' ich, ist es gut gethan,
Wenn ich das kleinste leere."
Austrank er eins der Fässer.
Der Herr ihm Kraft verlieh.
Dann rief er: „Jetzt geht's besser;
Zieh' Schimmel, zieh'!"

Vor'm Kloster hielt am siebten Tag
Das Schimmelthier, das brave,
Und auf den leeren Fässern lag
Der Klosterknecht im Schlafe.
Des Pförtners Lachen hallte,
Der Kellner Zeter schrie,
Der Fuhrmann selig lallte:
„Zieh' Schimmel, zieh'!"

Da sprach der Prior mit Bedacht:
"Wir wollen ihm vergeben.
Wo man den Bock zum Gärtner macht,
Gedeihen keine Reben.
Der Wein sei ihm gegonnen;
Noch manches Fass ist hie.
Schenkt ein den Labebronnen,
 Zieh' Schimmel, zieh'!"

SAURER WEIN.

O weh, du arger Wirth im Schwan!
Mein Herze schwimmt in Trauer.
Wie ist dein Kind so wohlgethan,
Wie ist dein Wein so sauer!
Ach, wenn sie eine Kanne bringt,
So gleicht sie einem Engel,
Der Bilsenkraut und Nesseln schwingt
Statt duft'ger Lilienstengel.

Als Muhamed der Muselman
Den Rebensaft verboten,
Hat er gewiss zuvor im Schwan
Getrunken deinen Rothen.
Hier ist das Zechgeld; streich' es ein
Und spare deine Kreide.
Mein Name neben solchem Wein,
Das thät' mir ewig leide.

*Fahr wohl du mit dem goldnen Haar
Und mit den Kirschenlippen!
Wie Mädel, willst du am Ende gar
An meinem Becher nippen?
So trink ihn aus bis auf den Grund!
Ich hebe meine Füsse.
Es macht der schönste Rosenmund
Den sauren Wein nicht süsse.*

DER WIRTH UND DER TEUFEL.

Es ging ein Schankwirth über Land,
Wollt' Vitriolöl kaufen
Und Spezereien allerhand
Den Wein damit zu taufen.
Da bot ihm einen Wegegruss
Ein Mann mit einem Pferdefuss,
   Das war der leid'ge Teufel.

Und fürbass zogen sie zu zwei'n.
Ein Bauer kam gewandelt.
Der hatte sich ein Borstenschwein
Im nächsten Dorf erhandelt.
Und weil das Schwein im Zickzack lief,
In hellem Zorn der Bauer rief:
   „Ich wollt', dich holt' der Teufel!"

Da sprach der Schankwirth: „Hörtest du
Was zögerst du, Geselle?
Das Schwein ist dein, drum greife zu
Und schlepp' es in die Hölle."
Doch jener sprach: „Er gönnt das Thier
In Wahrheit nun und nimmer mir,
    Drum holt es nicht der Teufel."

Darauf ein Weib sich sehen liess,
Das führte einen Kleinen,
Der schrie, als steckte er am Spiess
Und stampfte mit den Beinen.
Und zornig rief die Frau ihm zu:
„Du Wechselbalg, du Schreihals du,
    Ich wollt' dich holt' der Teufel!"

Der Schankwirth sprach: „Freund Lucifer,
Nun spreize deine Krallen
Und thu' dem Weibe nach Begehr;
Das Kind ist dir verfallen."
Der Gottseibeiuns aber spricht:
„Sie gab das Kind im Ernst mir nicht,
    Drum holt es nicht der Teufel."

*Nun lag ein Mann am Strassenrand
Auf kühlem Rasenbette
Und hielt die Stirn in seiner Hand,
Als ob er Kopfweh hätte.
 Der thät' dem Wirth entgegen schrei'n:
 „O Sudelkoch, o Panschewein,
  Ich wollt', dich holt' der Teufel!"*

*Da senkte stumm der Wirth den Kopf.
Es wehten Schwefeldüfte,
Der Teufel nahm den Wirth beim Schopf
Und schwang sich in die Lüfte.
Und höhnisch sprach er: „Freund, mir scheint,
Diesmal war's wirklich ernst gemeint,
 Drum holt dich jetzt der Teufel."*

AN DER QUELLE.

Es ist und bleibt das beste Nass
Der Lautertrank der Wolke.
Er träufelt aus dem Himmelsfass
Zum Heil dem Menschenvolke.
Der Herrgott hat ihn selbst gebraut,
Sein Segen den Gerechten thaut
Und auch den Bösewichtern,
Verlegern so wie Dichtern.

Nach Wasser thät's den Ismael
Und nicht nach Wein gelüsten.
Um Wasser flehte Israel
Zu Moses in der Wüsten.
Um Wasser bittet Lazarum
Der Schwelg im Evangelium,
Als Engelein mit Schwänzen
Ihm Schwefelthee kredenzen.

*Du Wasser sollst gepriesen sein,
Solang mir lebt die Zunge,
Und schilt dich Einer Gänsewein,
Der ist ein dummer Junge.
Nur eine Gunst erbitt' ich mir:
Bleib' ferne meinem Malvasier,
Wenn ich den Becher schwenke
Heut Abend in der Schenke.*

UNTER DEM REGENDACH.

Wetterschein und Donnerkrach,
Und jetzt rauscht der Regen.
Mädel mit dem Regendach
Kommst mir just gelegen.
Wie ein rother Riesenschwamm
Schirmt es uns selbander,
Und wir waten durch den Schlamm
Traulich miteinander.

Dass uns von des Schirmes Rand
Nicht die Güsse nässen,
Muss ich dich mit starker Hand
Fester an mich pressen.
Schau, wie rings das Wasser rinnt,
Wie die Bäume tropfen.
Deutlich spür' ich, armes Kind,
Deines Herzens Klopfen.

Rascher folgt der Blitze Schein,
Wilder rauscht es nieder.
Bricht der jüngste Tag herein?
Kommt die Sündfluth wieder?
Meine Schuld ist freilich gross,
Zahllos meine Mängel,
Aber du bist sündenlos
Wie ein lichter Engel.

Ei, was treibt das Blut so jach
In die Stirn der Kleinen?
Oder lässt das Regendach
Sie so roth erscheinen?
Nein, es ist der Sonne Licht,
Die mit ihren Strahlen
Durch die Wetterwolken bricht
Alles roth zu malen.

Sieghaft kommt sie wie ein Held
Durch das Blau gezogen.
Ueber dem getränkten Feld
Steht ein Regenbogen.
Dass der Himmel mild gesinnt,
Will er uns verkünd'gen,
Und wir dürfen, holdes Kind,
Noch ein Weilchen sünd'gen.

DAS STELLDICHEIN.

Das ist die richtige Stelle:
Die Linde am Strassenrain
Und drüben die alte Kapelle;
Hier ist das Stelldichein.
Die Sterne am Himmel stehen,
Die Glocke im Dorf schlägt Acht.
Von Elsebeth nichts zu sehen. —
Ich hab' mir's ja gleich gedacht.

Sie kann sich nicht trennen, ich wette,
Vom Spiegel daheim an der Wand
Und nestelt an Spange und Kette
Und zupft an Tüchlein und Band.
Am Ende lässt sie mich harren
Die liebe, lange Nacht.
Gewiss, sie hat mich zum Narren. —
Ich hab' mir's ja gleich gedacht.

Vielleicht — o du falsche Schlange!
Jetzt wird mir's auf einmal klar,
Warum der Frieder, der lange,
Heut Morgen so lustig war.
Der Schrecken lähmt mir die Glieder,
Ich bin betrogen, verlacht,
Die Elsebeth hält's mit dem Frieder. —
Ich hab' mir's ja gleich gedacht.

Ich hebe zum Schwure die Hände
Zum Sternenhimmel — doch halt,
Was kommt durch das Wiesengelände
Vom Dorf herüber gewallt?
Ich sehe zwei niedliche Füsse,
Sie nahen sich zaghaft und sacht.
Sie kommt, die Treue, die Süsse. —
Ich hab' mir's ja gleich gedacht.

KATERTÜCKE.

Gestern früh ihr Kater kam,
Wollte mich besuchen,
Und ich labte ihn mit Rahm,
Hühnerfleisch und Kuchen.
An sein Halsband hab' ich schlau
Einen Brief gebunden,
Und der Kater sprach: „Miau!"
Und ist dann verschwunden.

Als ich ihr am Nachmittag
In die Kammer schaute,
Sass sie bleich am Fensterschlag,
Und ihr Auge thaute.
Vor ihr stand mit meinem Brief
Zornesroth ihr Vater,
Und mit grünen Augen schief
Sah mich an der Kater.

*Unerreichbar bist du mir,
Aber aufgeschoben,
Du verwünschtes Katzenthier,
Ist nicht aufgehoben.
Hab' ich dich einmal, Gesell,
Bist du auch verloren,
Und ich ziehe dir das Fell
Ueber Kopf und Ohren.*

DER SCHÖNSTE BECHER.

Ich trank aus der hohlen Hand am Born,
Aus Gold in des Königs Halle,
Ich trank aus des Auerstieres Horn,
Aus Silber und lichtem Krystalle,
Aus Glas, aus Holz, aus irdnem Krug
Hab' ich gethan manch guten Zug.

Den schönsten Becher, von dem ich weiss,
Den lass' ich nur errathen.
Des Bechers Rand ist allzeit heiss
Und roth wie Edelgranaten,
Und wer den Becher am Munde hält,
Der ist der seligste Mann der Welt.

Es wird am Ende hohl und leer
Die grösste von allen Tonnen.
Mein Becher aber hält ein Meer
Von eitel Lust und Wonnen,
Und hab' ich den Becher vom Mund gethan,
So fängt er zu lachen und plaudern an.

JÄGERLATEIN.

Am Waldesrand das Jägerhaus
Empfing den Wegemüden.
Am Kachelofen ruhten aus
Die braungefleckten Rüden.
Wir sassen zechend unser drei
Am Tische unterm Hirschgeweih.
Es ward dazu gelogen,
Dass sich die Balken bogen.

Am besten konnt's der Förster doch,
Der wetterbraune Schütze.
Er fing den Fuchs am Höhlenloch
Mit seiner Bibermütze.
Die Rehgeis hat er sammt dem Bock
Durchschossen mit dem Ladestock.
Auch thät ihm einst erscheinen
Der Hase mit acht Beinen.

Es schalt das blonde Töchterlein
Auf die verderbte Jugend
Und sprach im reinsten Jagdlatein
Von ihrer Sitt' und Tugend.
Ja, wenn ich so genau nicht wüsst',
Wen sie im Walde halst und küsst,
Und wem der Tugendspiegel
Erschliesst den Kammerriegel.

Hätt's mich zu meiner Elsebeth
Nicht mächtig fortgezogen,
Dem Försterkind am Ende hätt'
Ich auch was vorgelogen.
So aber tret' ich sündenrein
Bei meiner trauten Else ein.
Es ist ein gut Gewissen
Ein sanftes Ruhekissen.

SICHELHENKE.

Dass ich um die Abendstund'
Heute dein gedenke,
Das hat einen guten Grund:
Heut ist Sichelhenke.
Heute springt das junge Blut
Um die Linde munter,
Und ich weiss es nur zu gut,
Du bist mitten drunter.

Deine Wangen roth entflammt
Mein' ich schier zu schauen,
Und dem Schreiber von dem Amt
Ist nicht recht zu trauen.
Auch der junge Jägerknecht
Lässt nichts gutes hoffen.
Wenn nur Deine Mutter recht
Hält die Augen offen.

*Ahnungsvoll und sorgenschwer
Kam ich in die Schenke,
Dass ich meiner Sorgen Heer
Hier im Wein ertränke.
Bis zum ersten Hahnenschrei
Sitz' ich bei den Fässern.
Möge Gott uns alle Zwei
Bessern, bessern, bessern!*

BETROGEN.

Die Grete hat mir die Botschaft gebracht,
Du liegest vom Fieber getroffen.
Sag' an, was steht in der kühlen Nacht
Dein Kammerfenster noch offen?
Warum denn hast du den Vorhang nicht
Wie sonst heruntergelassen?
Warum denn schimmert dein Lampenlicht
Glutroth in die dunkelen Gassen?

Die Kirschenblüthe fällt vom Ast,
Denn Frost giebt's auch im Maien. —
Dass du mich aufgegeben hast,
Das könnte ich noch verzeihen.
Das aber hat mich in's Herz gebrannt
Wie glühende Feuerkohlen,
Dass grade solch ein alberner Fant
Mein Liebchen mir gestohlen.

Vom Kirchthurm ruft die Glocke Elf,
Der Mond scheint in die Gasse
Das ist die Stunde. — Dass Gott ihm helf',
Wenn ich hier unten ihn fasse!
Unheil verkündet der Eule Schrei
Und klagendes Rufen der Unke.
Wer schleicht heran? Halt, nicht vorbei!
Jetzt wehr' dich, du Hallunke!

WIE ICH DEN TOD RIEF.

Die ich mit Sang und Lied geehrt —
Wer hätte das gedacht —
Hat mir den Rücken zugekehrt
Und hat mich ausgelacht.
Von meiner Schmach erzählen sich
Die Spatzen auf dem Dach,
Und Trübsal blasend sitze ich
Allhier am Wiesenbach.

Ich schlich mich sachte aus der Stadt
Noch vor dem Morgenroth.
Mein Aug' ist trüb, mein Herz ist matt,
Ich wollt', ich wäre todt.
Ja käme nur der Knochenmann,
Der mit der Sense mäht
Und schnitte, was nicht leben kann
Verrathen und verschmäht.

Was kommt gewandelt durch das Thal,
Durch Wiesengras und Klee?
Die Sense blinkt im Sonnenstrahl. —
Das ist der Tod. — O weh!
O weh, es ist zu spät zum Flieh'n,
Ade du grüne Welt!
Er kommt heran, doch hab ich ihn
Mir anders vorgestellt.

Zwei Augen hat er gross und klar
Und einen rothen Mund.
Wie lichte Sonne glänzt das Haar,
Sein Arm ist weiss und rund.
Es schnürt ein schwarzes Mieder fest
Und eng den Busen ein,
Und was das Röcklein schauen lässt,
Ist auch kein Knochenbein.

Ich melde euch ein andermal
In einem schönen Lied,
Wie ich im grünen Wiesenthal
Von meinem Kummer schied,
Wie ich von allem Herzeleid
In kurzer Frist genas
Und wie ich bei der Sensenmaid
Den Sensenmann vergass.

DIE NACHTKÄMPFER.

Dort drüben blinkt im Mondenschein
Ein Anger mir entgegen,
Und auf dem Anger steht ein Stein
Mit zwei gekreuzten Degen.
Im ganzen Lande ist der Ort
Verrufen als nicht geheuer,
Denn Schauerliches erblickt man dort
Bei flackerndem Irrwischfeuer.

Es waren zwei Knaben aus edlem Geschlecht,
Ein Fräulein liebten sie beide.
Sie kreuzten die Klingen zum Mordgefecht
Im Mondlicht auf der Haide.
Am Morgen lagen im blutigen Ried
Die beiden erschlagenen Knaben.
Sie wurden ohne Segen und Lied
In einer Grube begraben.

*Sie schlafen traumlos beide vereint
Am Tage Seite an Seite.
Wenn aber der Mond ihre Gruft bescheint,
Erheben sie sich zum Streite.
Die Zähne knirschen, die Augen sprühn,
Und Funken umknistern die Klingen.
Es tobt der Kampf, bis die Sterne verglüh'n
Und die Hähne ihr Morgenlied singen.*

*Ein Schäfer hat mir die Märe gesagt,
Als ich heute des Weges gekommen.
Und wieder gedacht' ich der falschen Magd
Und dessen, der mir sie genommen.
Zum Glück hat er Stand gehalten nicht;
Ich liess den Hasen entlaufen.
Es wäre mir Schande mit dir, du Wicht,
In Ewigkeit müssen zu raufen.*

DIE WANDERNDE ROSE.

Auf schwebendem Altane
Ein Edelfräulein stand.
Ein Fischer sass im Kahne,
Die Angel in der Hand.
Das Fräulein nahm vom Mieder
Ein Röslein roth wie Blut
Und warf's verstohlen nieder
Dem Knaben in die Fluth.

Dem hielt die Lachsforelle
Gefangen Aug' und Sinn;
Das Röslein auf der Welle
Floss unbeachtet hin.
Es schwamm bis an die Mühle,
Wo in des Ufers Gras
In lausch'ger Schattenkühle
Des Müllers Tochter sass.

*Sie hat es aufgefangen
Mit ihrer weissen Hand,
Als eben kam gegangen
Ein Bursch im Jagdgewand.
Er war ein Vogel lose,
Und als er weiter schritt,
Nahm er die feuchte Rose
An seiner Hutschnur mit.*

*Im Krug zur grünen Linde
Der Jäger rastend sass,
Und bei der Wirthin Kinde
Das Zechen er vergass.
Es herzten sich die Beiden
Und tauschten Kuss und Wort.
Der Jäger musste scheiden,
Doch blieb die Rose dort.*

*Der Fischer hat gefangen
Der Lachsforellen viel.
Er trägt ein süss Verlangen
Nach seinem Herzgespiel.
Sein Nachen fliegt behende
Wie Uferschwalbenflug
Hinunter bis zur Lände,
Zum stillen Lindenkrug.*

Das war ein traut Gekose
Im Gärtlein auf der Bank.
Es ward die Wanderrose
Des Fischers Minnedank.
Er sang von treuer Liebe,
Als er am Abend schied.
Wenn Röslein stumm nicht bliebe,
Verstummte wohl sein Lied.

KLASSISCHES LATEIN.

Die Sonne flimmert am Firmament,
Der Hofhund schläft auf der Schwelle,
Es schlummern Prior und Konvent
Süss träumend in dämm'riger Zelle.

Da schreiten drei zur Bücherei
Den leidigen Schlaf zu bannen.
Der Kellermeister ist auch dabei
Belastet mit Bechern und Kannen.

Es mustert Pater Hilarius
Die Bücher in Leder gebunden
Und hat den Römer Ovidius
Alsbald herausgefunden.

Dann liest er, was das Heidenbrevier
Vom Jäger Actäon verkündigt
Und was einst Vater Zeus als Stier
Und goldener Regen gesündigt.

Die Mönche schauen vergnüglich drein,
Ihr Antlitz lächelt in Falten. —
Es geht doch nichts über gutes Latein.
Hoch leben die klassischen Alten!

DER TINTENFISCH.

*Ich kenne einen Tintenfisch,
Der schreibt in Hast und Eile
An einem vielbeklexten Tisch
Um kargen Lohn die Zeile.
Und fein ist selten, was er schreibt,
Doch hält man's ihm zu Gute. —
Dem Grauen, der die Mühle treibt,
Ist selten wohl zu Muthe.*

*Der Schreiber mein Kamrade war
In unsren Jugendtagen.
Er konnte Terzen wunderbar
Und tiefe Quarten schlagen,
Und singen konnt' er lerchenfrisch;
Drum war ich ihm gewogen
Und hätte gern den Tintenfisch
Aus seinem Sumpf gezogen.*

Bei Gott, es war kein leichtes Stück
Den Armen loszueisen.
Er liess das Tintenfass zurück
Und ging mit mir auf Reisen.
Wir schritten durch das Zwingerthor
Mit Bündel und mit Stecken,
Die Morgensonne stieg empor,
Da sprach er: „Sie hat Flecken!"

Von Kukuksruf und Drosselsang
Erscholl der Wald der Föhren,
Dazwischen liess wie Glockenklang
Der Amsel Ruf sich hören.
Sein Brautlied sang der Finke hell
Und lockte seine Buhle.
Da sprach der grämliche Gesell:
„Sie haben keine Schule."

Wir kehrten in der Sonne ein
Des Abends gegen Sechse.
Der runden Wirthin Töchterlein
War eine hübsche Hexe.
Und als ich fragte den Kumpan,
Wie ihm die Magd gefiele,
Sah er die Dirne seitwärts an
Und meinte, dass sie schiele.

Wir rückten an den feuchten Tisch
Die braunen Lederstühle.
Der weisse Wein war quellenfrisch,
Der rothe nicht zu kühle.
Jetzt, dacht ich, wird er doch einmal
Beim Zechen lustig werden.
Er sprach: „Der weisse Wein ist schaal,
Der rothe schmeckt nach Erden."

Die Suppe war ihm viel zu fett,
Zu mager war der Braten,
Zu hart war ihm das Lotterbett
Und auch zu kurz gerathen.
Am Morgen hat er einen Wisch
Mit Gall' und Gift beschrieben
Und ist ein armer Tintenfisch
Bis heutzutag geblieben.

— •◦• —

TRÜBER SANG.

*Was sitzt dort unter der Linde?
Ein Dirnlein, seh' ich recht.
Es fliegt im Abendwinde
Ihr dunkles Haargeflecht.
Von ihrem rothen Munde
Wird mir vielleicht ein Kuss,
Und eine Schäferstunde
Ist würdiger Tagesschluss.*

*Nach schlauer Jägerweise
Beschleiche ich das Wild,
Da hör' ich, wie es leise
Von ihren Lippen quillt.
Das ist ein Sang, ein trüber;
Jetzt ist sie plötzlich stumm,
Ich aber ziehe vorüber
Und kehre mich nicht um.*

V. d. L.

*Es weht von den Bergesriesen
Der Schneewind scharf und rauh,
Und auf die Blumen der Wiesen
Fällt kalter Nebelthau.
Am matten Himmel wandern
Ein Sternlein und ein Stern:
Sie sehnen sich eins zum andern
Und bleiben sich ewig fern.*

ÜBERALL BLÜHENDES MAIENGLÜCK.

Überall blühendes Maienglück,
Mir nur ist bang im Gemüthe.
Hast mir versprochen, du kehrtest zurück,
Ständen die Rosen in Blüthe.
Ach, Gelbveiel und Rautenstrauch
Blühen schon längst in den Scherben,
Und die Knospen der Rose auch
Schwellen und wollen sich färben.

Rose, du musst in die Kammer herein
Und in die dunkelste Ecke,
Dass dir der wärmende Sonnenschein
Vorschnell die Blüthen nicht wecke.
Draussen im Garten im sonnigen Glast
Stehen sie alle schon offen.
Aber solang du noch Knospen hast,
Darf ich Arme noch hoffen.

AM MEER.

*Es rauscht und braust und wogt und bebt. —
O Meer, ich habe dich wieder!
Die Sonne goldene Schleier webt,
Und über dem Blau die Möve schwebt
Mit leuchtendem Gefieder.*

*Es rauscht und braust und singt und sagt
Von fernen, glühenden Zonen,
Wo der mähnenumwallte Löwe jagt,
Wo die schlanke, schwankende Palme ragt
Hoch über des Urwalds Kronen.*

*Es rauscht und braust und klingt und spricht
Von eisumlagerter Küste.
Es loht und flammt das rothe Licht,
Es knirscht das Eis, die Scholle bricht,
Der Tod geht durch die Wüste.*

Es rauscht und braust und singt ein Lied
Von Sturm und Ungewitter.
Der kreischende Vogel zum Strande flieht,
Die Segel reissen, es kracht das Spriet,
Die Maste gehen in Splitter.

Es rauscht und braust und wogt und schlingt
Um's Land den ewigen Reigen.
Und wenn des Meeres Woge klingt
Und ihre Zauberlieder singt,
Muss unsereiner schweigen.

DIE VERSUNKENE STADT.

Fernher tönte Cicadensang,
Winde und Wellen ruhten,
Selten ein silbernes Fischlein sprang
Ueber die schweigenden Fluthen.
Glimmende Funken der Sonnenball
Ueber das Wasser verstreute. —
Horch, da drang aus der Tiefe ein Schall
Leise wie Glockengeläute:
   Kling, klang, kling, klang,
Versunken, versunken, wie lang, wie lang!

Liegt eine Stadt Jahrhunderte lang
Bergetief unter den Wogen.
Muscheln, Korallen und schlüpfriger Tang
Haben die Mauern umzogen.
Zinnen und Thürme streben empor
Hoch aus dem sandigen Grunde.
Selten giebt leiser Glockenchor
Von der Verschollenen Kunde.
   Kling, klang, kling, klang,
Versunken, versunken, wie lang, wie lang!

Ruhend unter dem Segeldach
Lauscht' ich dem Ton aus den Tiefen.
Alte Märchen rief er mir wach,
Die in der Seele mir schliefen.
Was mir gesungen der Ahne Mund
Abends bei Spindel und Rocken,
Klang mir jetzt aus des Herzens Grund
Leis wie versunkene Glocken.
   Kling, klang, kling, klang,
Gesungen, verklungen, wie lang, wie lang!

NIEDERE UND HOHE JAGD.

Hab' gelernt im grünen Wald
Viele Waidmannstücken,
Weiss die Vögel mannigfalt
Listig zu berücken;
Fang' die Misteldrossel schlau
Mit dem Sprenkelreise,
Und die Meisen gelb und blau
Lock' ich mit der Pfeife.

Taubengeier, Hühnerweih'n
Und die Räuber alle,
Iltis, Marder, Hermelein
Fang' ich in der Falle.
Auch dem Rebhuhn auf der Flur
Kann ich Netze stellen,
Und mit Garn und Angelschnur
Fahnd' ich auf Forellen.

Maienlüfte wehten mild,
Blüthen hat's geregnet.
Einem stolzen Edelwild
Bin ich da begegnet.
Fischerei und Vogelsang
Nimmer ich begehrte,
Und ich folgte tagelang
Meines Wildes Fährte.

Tief in Busch und Hag versteckt
Lag ich auf der Lauer,
Ward genarrt und ward geneckt,
Denn das Wild war schlauer.
Jägernetz und Vogelleim
Hat es klug umgangen,
Und zuletzt mit Sang und Reim
Hab' ich's doch gefangen.

DER KRUG.

Sie sass am frühen Morgen,
Die Nadel in der Hand.
Ich fand sie halb verborgen
In Zeug und Leinewand.

Sie hat in's Tuch, das weisse
Mit rothem Garn gestickt
Und hat in ihrem Fleisse
Nur selten aufgeblickt.

Da hob sie, um zu nippen,
Den Steinkrug von der Bank
Und netzte sich die Lippen
Mit kühlem Brunnentrank.

Ich merkte mir die Stelle,
Die trinkend sie berührt
Und hab' den Krug mit Schnelle
Zum Munde mir geführt.

Verstohlen war's geschehen,
Allein wie schlau ich's trieb,
Ihr Auge hat gesehen
Im Spiegelglas den Dieb.

Zu Boden rollte nieder
Der Silberfingerhut.
Sie senkte ihre Lider
Und wurde roth wie Blut.

Erschlossen war mein Eden,
Und sieghaft zog ich ein.
Gelt, wenn du könntest reden,
Du alter Krug von Stein.

DAS GEHEIMNISS.

Heckenröslein, über Nacht
Seid ihr aufgegangen,
Schaut mich freundlich an und lacht
Mit verschämten Wangen.
Ein Geheimniss, wie man spricht,
Wisst ihr zu bewahren;
Heckenröslein, plaudert nicht,
Sollt etwas erfahren.
    Still, still!
Ich bin ein thöricht Mädel
Und weiss nicht, was ich will.

Kater hast dich scheu versteckt,
Hör' dich ängstlich schreien.
Dass du von der Milch geleckt
Will ich heut verzeihen.
Krieche aus dem Winkel vor,
Schrecken aller Ratzen.

Komm' ich sag' dir was in's Ohr,
Aber darfst nicht kratzen.
    Still, still!
Ich bin ein thöricht Mädel
Und weiss nicht, was ich will.

Schwalbe, komm aus deinem Bau,
Will dir was erzählen,
Aber deiner Schwalbenfrau
Musst du es verhehlen.
Mein Geheimniss würde bald
Aller Welt zu eigen,
Denn die Frauen jung und alt
Wissen nicht zu schweigen.
    Still, still!
Ich bin ein thöricht Mädel
Und weiss nicht was ich will.

WENN DIE KNOSPEN BRECHEN.

Wenn die Knospen brechen,
Wenn in tausend Bächen
Von den Bergen rinnt der Winterschnee,
Wenn zur Osterfeier
Bunte Ostereier
Legt der Hase in den grünen Klee,
Wenn die Lerchen steigen
Und von Blüthenzweigen
Weisse Blätter regnen auf den Hut,
Wenn der Nachtigallen
Minnelieder schallen,
O wie kost und küsst sich's dann so gut!

Wenn sich neigt die schwere,
Braune Weizenähre
Und der Wachtel Ruf aus Feldern dringt.
Wenn im Tannenschatten
Auf den Alpenmatten
Liebeslust und Leid zur Zither klingt,

Wenn die Seeforellen
Ueber's Wasser schnellen
Und die Nachen schwanken auf der Fluth,
Wenn zur Sonnenwende,
Lodern Feuerbrände
O wie kost und küsst sich's dann so gut!

Wenn die Hirsche röhren,
Wenn der Wind den Föhren
Braune Zapfen schüttelt vom Geäst,
Wenn die Ammern streichen
Und in hohlen Eichen
Sich das Eichhorn baut das Winternest,
Wenn die Hamster pfeifen
Und die Schlehen reifen,
Wenn die Kelter trieft von Traubenblut,
Wenn die schlauen, raschen
Drosseln Beeren naschen,
O wie kost und küsst sich's dann so gut!

Wenn die Tannen ächzen,
Und die Raben krächzen
Und der Dachs sich nährt vom eignen Fett,
Wenn die Fensterscheiben
Weisse Blumen treiben
Und Frau Holle schüttelt aus ihr Bett.

Wenn die Eule wimmert
Und die Lampe schimmert
Und im Ofen flackert rothe Gluth,
Wenn die Räder surren
Und die Spindeln schnurren,
O wie kost und küsst sich's dann so gut!

DER VIELBETRETENE PFAD.

Tag für Tag im Kämmerlein
Zog ich meinen Faden.
Heut hat mich der Sonnenschein
Vor die Thür geladen.
In mein kleines Gartenland
Bin ich eingetreten,
Statt der Blumen aber stand
Unkraut in den Beeten.

Auf den Wegen nebenan
Wuchert grün im Kiese
Vogeltritt und Löwenzahn
Wie auf einer Wiese.
Nur ein schmaler Pfad ist quitt
Aller Unkrautplage,
Weil den Pfad mein Friedel tritt
Sechsmal alle Tage.

MEIN SCHÖNSTES LIED.

Weiss nicht, wie viel ich Lieder sang,
Zu zählen sind sie nimmer.
Ich sang zu Lauten- und Becherklang
Bei Sonnen- und Sternenschimmer.
Ich sang im Wald und auf der See,
Ueber den Wolken im Firnenschnee,
In Sturm und Ungewitter
Und hinter'm Eisengitter.

Mein schönstes Lied, mein hohes Lied
Das ist noch ungeboren.
Wie eine Lerche Nachts im Ried
Schlummert es traumverloren.
Doch wenn's einmal die Flügel schwingt
Und jubelnd zu den Sternen dringt,
Erschallt's zu deinem Ruhme,
Strahlende Wunderblume.

SCHEIDEN.

Fahr wohl mein Lieb, der Morgen graut,
Fahr wohl, wir müssen uns trennen.
Das Scheiden ist ein bittres Kraut,
Von heissen Thränen ist's bethaut,
Und seine Blätter brennen.

Es spriessen Blumen ohne Zahl,
Wo Minne und Jugend werben.
Wo zwei in stummer Herzensqual
Beisammen stehen zum letztenmal,
Die Gräser und Blumen sterben.

Schau mich noch einmal lächelnd an,
Das will ich zum letzten bitten.
Du hast mir viel zulieb gethan,
Und treulich wollt' ich zu dir stahn;
Die Welt hat's nicht gelitten.

Dort drüben am Bach eine Weide steht,
Die Aeste neigen sich nieder.
Ein Blatt sich wirbelnd zur Erde dreht,
Wer weiss, wohin es der Wind verweht,
Zurück kehrt's nimmer wieder.

ES WEHT DER KALTE FIRNENWIND.

Es weht der kalte Firnenwind,
Der Mond in's Wasser scheint;
Am Ufer sitzt ein bleiches Kind,
Das stille Thränen weint.

O weh, mein Fingerring von Gold!
Die tiefe Fluth dich schlang,
Und der ihn wieder bringen wollt',
Der säumet allzulang.

Er hat im See — dass Gott erbarm!
Die Wasserfei geschaut
Und in der schönen Nixe Arm
Vergessen seine Braut.

*Die Nixe hat in Wassers Grund
Ein Schloss korallenroth
Sie herzt und küsst ihn jede Stund
Und küsst ihn endlich todt.*

*Das Schneegebirg' ist himmelhoch
Und höllentief der See.
Mein Lieben nur stieg höher noch,
Und tiefer ist mein Weh."*

DIE DREI FEDERN.

Mit rauschendem Gefieder
Zieht über mir ein Schwan,
Hat mir zu Füssen nieder
Drei Federn fallen la'n.

Die erste will ich schneiden
Und schreiben den letzten Gruss,
Dieweil ich von ihr scheiden
Und wieder wandern muss.

Die zweite will ich stecken
Auf meinen grauen Hut,
Die soll mir wieder wecken
Den frohen Wandermuth.

Die dritte lass' ich reisen,
Wohin es dem Wind gefällt,
Sie soll den Weg mir weisen
In die weite, weite Welt.

MIR KLANG EIN LIED IM SCHLUMMER.

Mir klang ein Lied im Schlummer,
Ein längst vergess'nes Lied.
Das mich von allem Kummer
Und Herzeleide schied.
Doch als der Morgen erglühte,
War Herz und Haupt mir leer,
Und wie ich mich auch mühte,
Ich fand das Lied nicht mehr.

Ich ging, mein Lied zu suchen,
Im frühlingsgrünen Hag.
Hell tönte aus den Buchen
Der Finken und Drosseln Schlag.
Es klang aus dem Holderflieder
Die süsse Melodei
Der Nachtigallenlieder. —
Mein Lied war nicht dabei.

*Ich trat in die dämmernde Halle
Des Frauenmünsters ein;
Von brausendem Orgelschalle
Erklang das Gewölbe von Stein.
Die Nonnen haben gesungen,
Umstrahlt von der Kerzen Licht.
Das klang wie Engelzungen,
Mein Lied war's aber nicht.*

*Ich habe belauscht den Schnitter,
Den Bauer hinter dem Pflug,
Den Spielmann mit der Zither,
Die Zecher bei Glas und Krug,
Den Fischerknaben am Teiche,
Den Bettler am Strassenrand,
Die Mägde auf der Bleiche. —
Mein Lied ich nirgends fand.*

*Die Sonne wollte sinken,
Und müder ward mein Gang.
Da sah ich ein Fenster blinken
Und hörte leisen Sang.
Was mir im Traum erschallte
Und meine Seele traf,
Es war das Lied, das alte,
Vom schwarzen und weissen Schaf.*

DER GEFANGENE.

Liegt ein Schloss im grünen Thal,
Golden malt der Sonne Strahl
Mauer, Thurm und Zinne.
Klingend durch die Seele zieht
Mir ein halbvergess'nes Lied
Von getreuer Minne.

Schritt ein Hauf zum Zwingerthor,
Hellebarde und Feuerrohr
Klirrten durch die Gassen,
Dumpfen Schall die Trommel gab.
Armer, gefangener Reiterknab
Muss sein Leben lassen.

Mägdlein an dem Fenster stund,
Weinte sich die Aeuglein wund
Hinter den Blumenscherben.
„Ist dein Haar so blond und lang
Und so adelig dein Gang.
Knabe, du sollst nicht sterben."

*An die Rotte unverzagt
Trat heran die schöne Magd,
Still die Knechte standen.
„Gebt mir den Gefangnen frei,
Dass er mir zu eigen sei.
Löst ihm Stricke und Banden!"*

*Neigte sich der Waibel tief,
Und der Landsknechthaufe rief:
„Lasst ihn los und ledig!
Was sie fordert, ist ihr Recht.
Freu' dich, junger Reiterknecht,
Preise den Himmel gnädig!"*

*Ward der Reiter frei zur Stund?
Nein. Er sprach mit rothem Mund:
„Jungfrau, lass dein Werben.
Bräche die Treu' ich meinem Lieb,
Ehrlos wär' ich wie ein Dieb.
Lieber will ich sterben."*

*Stumm die Magd die Hände rang.
In den Tod mit festem Gang
Thät der Andre gehen.
Dumpfen Schall die Trommel gab;
Bald, du armer Reiterknab,
War's um dich geschehen.*

*Aus des Knaben Grab hervor
Stieg ein Lindenbaum empor,
In des Himmels Bläue.
Im Gezweige nimmermüd
Singt ein Vögelein das Lied
Von des Knaben Treue.*

DAS WAHRZEICHEN.

Da liegt sie in Feldern und Auen,
Die kleinste Stadt im Reich,
Gar zierlich anzuschauen
Nürnberger Spielzeug gleich.
Sie hat an lebenden Seelen
Der vollen Hunderte drei;
Man muss bei der Rechnung zählen
Den Bürgermeister für zwei.

Auf ihren alten Mauern
Wächst Buschwerk grün und kraus,
Und sind auf den Feldern die Bauern,
So ist kein Bürger zu Haus.
Ein Haupt mit offnem Munde
Das Stadtthor überragt
Und schauerliche Kunde
Aus alten Zeiten sagt.

Es kam in grauen Tagen
Ein fahrender Mann in's Land
Und thät einen Bürger fragen:
„Wie ist das Dorf genannt?"
Hei, wie dem Städter im Grimme
Das Auge gefunkelt hat!
Er sprach mit grollender Stimme:
„Du Narre, das ist eine Stadt!"

Da stand der Fremde betroffen
Wie festgewurzelt im Grund,
Sperrangelweit blieb ihm offen
Der thöricht fragende Mund.
In Stein ward später gehauen
Des Unglückseligen Haupt.
Am Zwinger ist es zu schauen. —
Geht selbst hin, wenn ihr's nicht glaubt.

DER GROBE WIRTH.

Je gröber der Wirth, desto schöner sein Kind;
Das ist eine goldene Regel.
Je gröber der Wirth, desto feuriger rinnt
Der Wein aus dem hölzernen Legel.
So war es vor Zeiten im rothen Hahn
An der Ecke der Himmelpfortgassen.
Was hab' ich mir nicht von dem Grobian
Still duldend gefallen lassen!

Und nun, wie hat sich das Blatt gewandt,
Wie schmählich bin ich betrogen!
Wirthstöchterlein ist aus Stadt und Land
Mit ihrem Buhlen gezogen.
Holzapfelsauren Dreimännerwein
Kredenzt eine böse Sieben.
Von allem, was war, ist ganz allein
Die Grobheit des Wirthes geblieben.

DIE KELLERJUNGFRAU.

Im wilden Tannwald liegt versteckt,
Von keines Menschen Aug' entdeckt
Ein alter Ritterkeller.
In seiner weiten Wölbung ruht
Erpresstes und geraubtes Gut,
Fünfhundertjährig Traubenblut,
Rheinwein und Muskateller.

Vermodert längst ist Reif und Fass,
Der Weinstein aber hat das Nass
Ummauert mit Krystallen.
Ein Fräulein trägt den Schlüsselbund,
Und nahst du ihr zur rechten Stund,
Und küsst sie auf den bleichen Mund,
Erschliesst sie dir die Hallen.

Es fletscht die Zähne nicht zum Gruss
Ein rothgeäugter Cerberus,
   Drum folge ohne Zagen.
Und trittst du in den Keller ein,
So sind die Fässer sämmtlich dein,
Das Fräulein kriegst du obendrein.
   So melden alte Sagen.

Vergebens sucht' ich stundenlang
Die Jungfer und den Kellergang,
   Die Sonne wollte sinken.
Da schritt ich heim fuchsteufelswild
Und fand ein Haus mit einem Schild,
Im Thor ein Mädel wie ein Bild,
   Das thät mir freundlich winken.

Und als ich bei der Kanne sass,
Wie bald ich da den Wein vergass
   In den krystallnen Kufen.
Bist du verzaubert Jungfräulein,
Die mir kredenzt den Labewein,
So sprich, du sollst entzaubert sein,
   Noch eh' die Hähne rufen.

F. d. L.

DIE SCHUL' IST AUS.

Die Schul' ist aus, die Schul' ist aus!
Und aus der dumpfen Stuben
Schwärmt kunterbunt das Volk hinaus
Der Mädel und der Buben.
Der Lehrer wischt die Brille ab,
Es rastet sein Präzeptorstab.

Es johlt und schreit und lärmt der Schwarm
Der jungen Dorfstudenten.
Die Mädel laufen Arm in Arm
Und schnattern wie die Enten.
Nehmt euch in Acht, dass keines fällt:
Die Schiefertafeln kosten Geld.

Zuletzt kommt Einer träg und faul;
Der Arme scheint zu hinken.
Er macht ein breites Jammermaul,
Und seine Augen blinken.
Er winselt leise ach und oh. —
Ich wett' das kommt vom Bakulo.

*Du armer Bub', du thust mir leid,
Doch nimm dir's nicht zu Herzen.
Du wirst dein Weh in kurzer Zeit
Verwinden und verschmerzen.
Nimmt dich das Schicksal in die Lehr'.
Mein Sohn, dann geht es schärfer her.*

*Das Schicksal ist ein Schultyrann,
Und einer von den schlimmsten.
Dem Klugen hängt's den Esel an,
Zum Primus macht's den Dümmsten.
Und unerbittlich schwingt's ein Rohr,
Das kommt uns Armen spanisch vor.*

DER FUHRMANNSWAGEN.

Es schnaubt und wiehrt und knarrt und knallt,
Es klingen Messingschellen.
Dazwischen hott und hoh erschallt
Und lust'ges Hundebellen.
Es schwankt heran durch Staub und Sand
Ein Wagen wie ein Elephant.
Sechs Rosse zieh'n im Kummet
Vom Fliegenvolk umsummet.

Gott grüss' dich, junger Fuhrmannsknecht
Im dunkelblauen Hemde!
Du bist vom fahrenden Geschlecht,
Drum sind wir uns nicht fremde,
Und wenn du Platz im Wagen hast,
So lad' ich mich zu dir als Gast.
Sei du dafür der meine
Im Strassenkrug beim Weine.

Der Fuhrmann nickt, und Meister Spitz
Hat auch nichts einzuwenden.
Ich klettre auf den hohen Sitz
Mit Füssen und mit Händen.
Ich bette mich auf Heu und Stroh,
Es klatscht die Peitsche — Brauner hoh!
Die Wagenbäume schwanken,
Es wandern die Gedanken

Das Menschenherz dem Karren gleicht,
Hat meistens schwer zu tragen.
Die Lebenskraft im Kummet keucht,
Es lenkt Verstand den Wagen.
Der allzeit muntre Fuhrmannsspitz,
Das ist der Lustigmacher Witz.
Es ächzt die Wagenleiter,
Doch kommt man leidlich weiter.

HAUSRECHT.

Es sprach zu mir Frau Minne:
„In deinem Herzen drinne
Hast du der Kammern zwei.
Das wären just zwei Nester
Für mich und meine Schwester;
Wir ziehen ein im Mai."

Die Rosenknospen sprangen,
Frau Minne kam gegangen
In ihrer Herrlichkeit.
Und als sie eingezogen,
Wie war ich da betrogen!
Die Schwester war das Leid.

Ich habe Beider Plagen
Als Hausherr still ertragen
Bis zu der Martinsgans,
Allda Frau Minne schnürte
Ihr Bündelein und kürte
Sich einen andern Hans.

Es war um Sanct Sylvester,
Und Leid, der Liebe Schwester,
Sass immer noch im Haus.
Da sprach ich kurz und bündig:
„Ich bin der Herr und kündig',"
Und warf das Leid hinaus.

ADLIGE GELÜSTE.

Ich hab' einmal von einem Schelm
Die Märe hören sagen,
Mein Ahnherr habe Schild und Helm
Und güldene Sporen getragen.
Fast möcht' ich glauben die Narrethei,
Wenn ich's nicht besser wüsste,
Denn manchmal hab' ich, ich sag' es frei,
Sehr adlige Gelüste.

Zuweilen wird mir der Krug von Stein,
Der hölzerne Becher zuwider.
Dann tauche ich Nachts bei Sternenschein
In den Hofburgkeller nieder.
Dort macht ein klingender Habedank
Den Kellermeister erweichen;
Er lässt mir den ältesten Labetrank
Im silbernen Trinkfass reichen.

*Dass ich aus edlem Geschlecht entsprang,
Fast sollte ich's glauben müssen,
Denn manchmal spür' ich in mir den Drang
Ein Edelfräulein zu küssen.
Entbehr' ich auch den Ritterschlag,
Mein Arm ist stark und sehnig,
Und wenn ein Mündlein küssen mag,
Fragt's nach dem Stammbaum wenig.*

*Mitunter wird Sehnen in mir wach,
Zu sagen und zu singen
Wie Wolfram, der Ritter von Eschenbach
Von hohen, göttlichen Dingen.
Dann leg' ich bei Seite die Rohrschalmei,
Bei Seite die Spielmannsfiedel;
Ist aber das Lied geschlüpft aus dem Ei,
Ist's wieder ein Schelmenliedel.*

HEUTE IST HEUT.

Was die Welt morgen bringt,
Ob sie mir Sorgen bringt,
 Leid oder Freud'?
Komme was kommen mag,
Sonnenschein, Wetterschlag,
Morgen ist auch ein Tag,
 Heute ist heut.

Wenn's dem Geschick gefällt,
Sind wir in alle Welt
 Morgen zerstreut.
Drum lasst uns lustig sein,
Wirth, roll' das Fass herein,
Mädel, schenk' ein, schenk' ein!
 Heute ist heut.

Ob ihren Kirschenmund
Morgen schön Hildegund
   Anderen beut,
Darnach ich nimmer frag',
Das schafft mir keine Plag',
Wenn sie mich heut nur mag!
Heute ist heut.

Klingklang, stosst an und singt!
Morgen vielleicht erklingt
   Sterbegeläut.
Wer weiss, ob nicht die Welt
Morgen in Schutt zerfällt;
Wenn sie nur heut noch hält.
   Heute ist heut.

Von RUDOLF BAUMBACH erschien im Verlag von A. G. LIEBESKIND in Leipzig:

Spielmannslieder. 16. Tausend. M. 2.—.
Zlatorog, eine Alpensage. Billige Ausgabe. 38. Tausend. M. 2.—.
Frau Holde. 25. Tausend. M. 2.—.
Sommermärchen. Billige Ausg. 26. Tausend. M. 3.—.
Abenteuer und Schwänke. Alten Meistern nacherzählt. 11. Tausend. M. 2.80.
Lieder eines fahrenden Gesellen. 28. Taus. M. 3.20.
Krug und Tintenfass. 11. Tausend. M. 2.—.
Der Pathe des Todes. 11. Tausend M. 2.—.
Erzählungen und Märchen. 10. Taus. M. 2.—.
Mein Frühjahr. 11. Tausend. M. 2.—.
Kaiser Max u. seine Jäger. 11. Taus. M. 2.50.
Horand und Hilde. 8. Tausend. M. 2.50.
Es war einmal. 9. Tausend. M. 2.80.
Thüringer Lieder. 6. Tausend. M. 2.50.

Ausgaben mit grosser Schrift
(gr. 8º, illustriert):
Sommermärchen. M. 5.—.
Zlatorog. M. 4.—.

Prachtausgaben in 4º:
Wanderlieder aus den Alpen. Mit Randzeichnungen und einem Holzschnitt. reich geb. M. 10.—.
Sommermärchen. Illustrirte Ausgabe. Zeichnungen von Paul Mohn. reich geb. M. 20.—.
Abenteuer und Schwänke. Alten Meistern nacherzählt. Illustr. Ausgabe. Zeichnungen von Paul Mohn. reich geb. M. 20.—.

www.ingramcontent.com/pod-product-compliance
Lightning Source LLC
Chambersburg PA
CBHW020143170426
43199CB00010B/865